AF307055

Walter Merkle

IST GLAUBE UNMODERN?

Glaube und Naturwissenschaft sind keine Gegensätze

Impressum

Bibliografische Information der Deutschen Nationalbibliothek:
Die Deutsche Nationalbibliothek verzeichnet diese Publikation in der
Deutschen Nationalbibliografie; detaillierte bibliografische Daten sind im
Internet über http://dnb.dnb.de abrufbar.

© 2020 Walter Merkle

Herstellung und Verlag: BoD – Books on Demand, Norderstedt

ISBN: 978-3-7526-0577-8

Inhaltsverzeichnis:

Vorwort:

Gott oder Naturwissenschaft – bzw. dank der modernen Naturwissenschaften scheint Gott entbehrlich geworden, entbehrlich vor allem zur Erklärung der Welt und wie sie funktioniert.

Wer so denkt – und es sind viele geworden -, denkt verkürzt. Der denkt in der Art der bekannten Milchmädchenrechnung. Wenn man Gott-Gläubige beurteilt, neigt man heute leicht zu der spöttelnden Beurteilung, dass sie „von gestern" seien, jedenfalls nicht auf der Höhe der Zeit. Das ist jedoch nicht so. Der Autor versucht, auf der Basis der Wissenschaft und ihrer modernen Erkenntnisse diese Schnelldiagnose, dass Gott ausgedient habe, wenn er denn überhaupt existieren sollte, zu beleuchten und dabei zu zeigen, dass Gott mitnichten überholt ist. Im Gegenteil – gerade in der modernsten aller Naturwissenschaften, der Quantenphysik, steckt Gott. Durchaus nicht auf den ersten Blick erkennbar, aber dafür umso gewisser, wenn man sich die Mühe macht, das eigene Denken zu aktivieren, anstatt anderen einfach nachzuplappern. Und – der Autor ist keineswegs allein – im Gegenteil. Naturwissenschaftler finden immer mehr Hinweise, dass es Gott geben muss, weil die Koinzidenz von Tatsachen und Ereignissen bei striktem wissenschaftlichem Vorgehen nur diesen einen Rückschluss aus den Forschungsergebnissen zulassen.

Die Leserschaft möge deshalb vorurteilsfrei die Gedankengänge des Autors nachvollziehen. Es wird zwar kein Gottesbeweis geführt werden (können); jedoch wird deutlich, dass die Wahrscheinlichkeit, dass Gott doch der Urgrund allen Seins ist, überwältigend größer ist als der heutige Verriss infolge kurzsichtigen Denkens. Atheisten geraten immer mehr in Erklärungsnot für die harten Fakten wissenschaftlicher Erkenntnis.

Auch aus eigenem Erleben, nicht nur durch wissenschaftliche Erkenntnis bin ich zu der Überzeugung gekommen, dass Gott lebt. Und noch besser – dass Gott uns Menschen, wenn wir es denn zulassen, als Du begegnet. Ich durfte das schon.

Mein kleines Buch soll anderen, vorurteilsfreien Leserinnen und Lesern helfen, Gott näher zu kommen. Es ist möglich.

Wiesbaden, im Herbst 2020

Einleitendes Bekenntnis

Zunächst mein Bekenntnis –

Ich glaube an Gott.

Das vorweg zur „Warnung" der Leserschaft.

Warum also schreibe ich das Buch? Weil ich traurig bin, dass es in unserer modernen Gesellschaft eben modern geworden ist, nicht an Gott zu glauben. Schon deshalb nicht, weil unsere modernen Naturwissenschaften uns lehren, dass ein Blitz nicht vom Göttervater Zeus geschleudert wird, sondern eine elektromagnetische Entladung ist, nachdem sich in der Atmosphäre Spannung aufgebaut hat.

Gott hat scheinbar ausgedient zu Erklärung der Welt. Spätestens seit Heisenberg und Einstein scheint das so. Alles ist relativ geworden – ein flapsiger Satz, der umso mehr belegt, dass der Sprecher nicht verstanden hat, dass gerade die Relativitätstheorie ein Einblick in göttliches Wirken ist. Aber gemach – ich werde versuchen, im Laufe dieses Buches zu entwickeln, dass die Naturwissenschaften nicht im Gegensatz zu Gott stehen, sondern vielmehr ein Einblick in göttliches Wirken sind.

Wer hier schon „abkürzen" will – hier kann man das tun: Axel Jungbluth: Warum die Wahrheit im Regal verstaubt. (als e-book 2020, books-on-demand GmbH, Norderstedt). Wer zweifelt, mag hier lesen: Ralf Bergmann: Gott und die Erklärung der Welt. Ebenfalls als e-book verfügbar.

Im Verlauf meines Buches findet der Zweifler weitere Literatur namhafter Naturwissenschaftler, deren Arbeitsfolgen der Glaube an Gott als Urgrund allen Seins geworden ist. Aber ich will mich nicht zu sehr auf andere beziehen, auch wenn es klar ist, dass man immer auf den Schultern der früher lebenden Menschen und damit Autoren steht. Nein, ich will nachfolgend meine eigenen Gedanken und Schlussfolgerungen darlegen, denn ich bin als Arzt zwar Naturwissenschaftler und ihren Erkenntnissen verpflichtet und dankbar, aber eben nicht nur. Ich bin auch seelisch beteiligt. Dass das kein Widerspruch zum Somatischen ist, mag die Leserschaft hier betätigt finden: Joachim Bauer: Das Gedächtnis des Körper. Piper, München 2013.

Zunächst einmal will ich deshalb deutlich machen, dass ich kein religiöser „Spinner" bin, der versucht, Menschen zu bekehren oder aber versucht, seine eigenen esoterischen Ideen unter die Leute zu bringen.

Das liege mir fern. Ich möchte einfach nur meine Gedanken darstellen, wie ich zu der Einstellung gekommen bin, Glaube an Gott für völlig realistisch zu halten; wie ich inzwischen davon überzeugt bin, dass nicht zu glauben, dass es Gott gibt, Unwissenheit und Ignoranz zeigt bzw. die eindeutige Demonstration ist, dass man sich nicht tiefer und ergebnisoffen mit der „Sache" beschäftigt hat, sondern stumpf nachplappert, was seichte Zeitgenossen so von sich geben. Ich weiß auch um die Haltungen von sog. Wissenschaftlern, die sich um sich selbst drehen bzw. ihre Wissenschaft, dabei aber Dinge, die sie nicht verstehen, einfach abtun anstatt weiter zu denken (Richard Dawkins und Richard Hawkins gehören auch dazu), denn Naturwissenschaft ist nicht alles; es gibt auch noch Psychologie und sog. Geisteswissenschaften, die über das Faktische hinausdenken, allerdings nicht mit Stoppuhr und

Metermaß zu erfassen sind   - Paradebeispiel ist die Philosophie. Reine Naturwissenschaftlern, die das vergessen bzw. ignorieren, sind deshalb nicht in der Lage, sich mit „Höherem" zu befassen. Sie bleiben mit der Stoppuhr in der Hand stehen und verfehlen trotz aller klugen Worte das Ziel-

Dabei: Ein kluger Mann hat gesagt: Wer nicht an Wunder glaubt, ist kein Realist. (David Ben Gurion). Auch davon soll später noch die Rede sein.

Nochmals: Ich bin Wissenschaftler, stehe also auf dem Boden der modernen Erkenntnisse von Physik und Chemie, aber ich habe als Arzt gelernt, dass die „Maschine Mensch" eben keine Maschine ist, sondern angewandte Naturwissenschaft im Körperlichen, aber darüber hinaus auch zu Nicht-Materiellem fähig wie Psyche und Geist.

Und als Chirurg lernt man auch, dass man zwar viele Dinge „zurechtschneiden" kann, aber das Wunder der Heilung immanent zum Erfolg einer Operation dazugehört. Spätestens hier lernt man, dass es beides gibt – optimale Arbeit, die aber nicht in Heilung endet, und Arbeit, von der man weiß, dass sie eigentlich nicht ausreichend ist, aber dennoch zur Heilung führt. Ist das nun eine neue Erkenntnis? Ja und nein. Subjektiv gesehen – ja, denn man ist gut ausgebildet, handwerklich geschickt und weiß, was zu tun ist – und dennoch ...

Objektiv gesehen – nein, denn schon die Altvorderen haben erkannt, dass „medicus curat, sed natura sanat". Heißt, der menschliche Arzt behandelt, aber etwas anderes heilt- man nannte das wertneutral die Natur.

Auch wenn wir heute viele Dinge ganz logisch und naturwissenschaftlich erkennen und erklären können – es bleibt zumindest ein Bodensatz von Dingen, die uns Menschen, auch den Klügsten unter uns, unverständlich bleiben.

Um es klar zu sagen: die Meinung, dass es nur eine Frage von Zeit und Aufwand sei, bis man auch diese Dinge erklären könne, halte ich für falsch, für ignorant und nicht zu Ende gedacht. Ich will es auf den Punkt bringen. Die allgemeine naturwissenschaftliche Meinung und Erkenntnis ist, dass alles was wir Welt und Dasein nennen, aus dem Urknall entstanden ist; die Ausbreitung des Weltalls scheint das auch zu beweisen.

Ich bin kein Physiker – und glaube der naturwissenschaftlichen Erkenntnis der Messwerte und ihrer Folgerungen durchaus. Aber es bleibt jenseits aller Messungen und Berechnungen, die den Urknall als „Stunde null" (vor etwa 13,8 Milliarden Jahren) belegen, eine Frage offen, die kein Naturwissenschaftler erklären kann. Auch kein Geisteswissenschaftler kann das, aber er kann immerhin den Urknall hinterfragen: Warum knallte es und wer hat den Knall ausgelöst? Und: Was war vor dem Urknall? Der reine Naturwissenschaftler bleibt dagegen bei einem reinen Axiom hängen, das er nicht mehr mathematisch tiefer rechnen/beweisen kann.

Das Warum könnte man noch so verstehen: Es war genügend Energie vorhanden, die eine kritische Masse gebildet hat, die einfach explodieren musste ($E = mc^2$). Lassen wir es dabei und halten das einfach für richtig. Bleibt die Frage: WER hat diese Energie zusammengebracht? Sagen wir: der Zufall?

Mag sein, nur bleibt dennoch die Frage, woher und wie diese Energie, die immerhin schon ein paar Milliarden Jahre wirkt, kommt. Hier reicht die Antwort des Zufalls nicht mehr aus. Hier ist die Frage nach einem „Schöpfergeist" virulent und muss beantwortet werden. Ein „Uragens" ist auch gerade aus physikalischen Erwägungen heraus erklärungsnotwendig. Ein nicht mehr hinterfragbares gegebenes Axiom reicht nicht, selbst wenn es der Nucleus von allem ist. Man nimmt heute an, dass es vor dem Urknall keine Zeit gegeben hat. Nur – wer hat sie dann erfunden? Zeit als kontinuierliches Ereignis, das nur eine Richtung kennt, nach vorn in die Zukunft, bleibt uns trotz ihrer Messbarkeit letztlich unbegreiflich, vor allem unverfügbar. Tempus fugit – wussten schon die Römer. Dieses „Flucht" ist durch nichts, absolut nichts aufzuhalten. Gestern bleibt gestern, morgen wird es morgen kommen – und die Gegenwart gibt es eigentlich gar nicht, denn wenn sie ist, vergeht sie sofort wieder. Ziemlich problematische Sache also, jedenfalls zwar mit der Stoppuhr messbar – aber begreifbar – dass etwas, das kommen wird, im dem Augenblick, in dem es da ist, schon sofort zur Vergangenheit werden muss und wird. Das aber ist die Umschreibung des Wortes Zeit im naturwissenschaftlichen Sinn.

Ein Atheist muss hier die Schultern zucken und einen Erklärungsansatzversuch verweigern, muss aber dabei dann zugeben, dass er hier nicht weiterkommt; wenn er ehrlich dabei ist, muss er schließlich die Möglichkeit eines geistigen Uragens für Zeit und Urknall zumindest für denkbar halten.

Ein Gläubiger dagegen denkt nun einen Schritt weiter, wohl wissend, dass er sich hier im Bereich des Unerklärlichen befindet. Ein Gläubiger formuliert nun das Wort „Gott". Gott meint hier das Gemeinsame, das allen Gläubigen gemeinsam ist – sowohl Buddhisten, Juden, Muslimen, Hindu, Shinto etc. – und auch Christen, zu denen ich mich zähle. Doch Vorsicht – sobald Religion ins Spiel kommt, verhärten sich Fronten und das gemeinsame Prinzip der Gottesahnung wird hinter Menschenregelns versteckt. Religion ist eine Vermenschlichung Gottes und damit eben nicht mehr Gott. Übrigens – das ist sogar in der kirchlichen Lehre so verankert (im 2. Vaticanum), dass auch nicht-christliche Gläubige als Gläubige anerkannt werden. Karl Rahner hat dazu in seinem Grundkurs des Glaubens ausgeführt. Das „Prinzip Gott" umfasst alle Menschen, damit alle Religionen ebenfalls. (Außer bei Atheisten – wobei: schon das Wort zeigt, dass ein A-Theist sich letzlich durch Gott definiert, auch wenn er ihn leugnet. Aber immerhin.)

Gott ist für einen Gläubigen derjenige Urgrund, der den „Sektkorken des Urknalls" gezündet hat. Die verschiedenen Schöpfungsmythen aller Religionen sind der mal mehr, mal weniger gute Versuch, sich dem Schöpfungsakt des Urknalls zu nähern. Aber ganz klar – sie nutzen dabei menschliche Erklärungsbilder als Metaphern des letztlich Unerklärbaren. (Cave: Augustinus sagte zurecht: Wenn du Gott verstanden hast, ist es nicht Gott). Allen Religionen ist dabei gemeinsam das „höhere Wesen" namens Gott.

Gott ist offensichtlich das Uragens von allem – aber in den Details völlig unverstehbar für uns Menschen. Deshalb muss ein verständiger Mensch an Gott „glauben". Gott ist dennoch einfach eine Tatsache, denn Gott ist die einzig „vernünftige" Erklärung für die Tatsache des Urknalls und die Entstehung der Zeit jenseits jeder Physik, jenseits jeder Mathematik. Beide können nur Greifbares beschreiben, nicht aber Unbegreifbares. Hier beginnen zwangsläufig die Geisteswissenschaften.

Und nochmals ein paar Anmerkungen zur Physik, dass sie alles erklären könne. Das ist nicht so, wie die Physiker selbst herausgefunden haben.

Ganz kurz – Wir kennen durch Einsteins Arbeiten die sog. vierdimensionale Raumzeit. Wir kennen in der Folge auch, dass es vier grundlegende Naturkräfte gibt. Elektromagnetismus per Photonen vermittelt; Gravitation durch die Verkrümmung der Raumzeit vermittelt; sog Starke Wechselwirkung, durch Gluonen vermittelt; sog. schwache Wechselwirkung durch Vektorbionen vermittelt.

Aus diesen Erkenntnissen ist logischerweise zu schließen, dass es mehr als 4 Dimensionen geben kann. Gleichfalls ist zu folgern, dass es mehr als nur ein Universum geben kann bzw. muss. Und es gibt völlig dem System widersprechende, aber messbare Dinge wie eine höhere Geschwindigkeit zu Beginn unseres Universums als die eigentlich absolute Lichtgeschwindigkeit. Vor dem Urknall hat es offensichtlich noch „etwas" gegeben, denn diese Zeitinflation wird begleitet von der sog. Dunklen Energie. Nun ist es also so, dass selbst die Physik feststellt, dass unsere Welt nicht alles zu sein scheint; gleichzeitig stellt die Physik aber auch fest, dass wir aus physikalischen Gründen nicht aus der vierdimensionalen Raumzeit hinausblicken können. Denken können wir das ja, wie schon angeführt, aber messen? Nein, wir Menschen sind Bestandteile aus dieser Art Physik, bestehen also irgendwie aus Elektronen (rein punktförmigen „Dingen" und 2 sog. Quarks. Damit kann ein Bestandteil der Physik nicht über die Grenzen der Physik hinaus messen. Die vermutete Vakuumfluktation vor dem Urknall ist damit menschenunzugänglich. Erst seit dem Urknall gibt es überhaupt das Phänomen „Zeit". Nur die Quantenmechanik muss es schon vor dem Urknall gegeben haben. Womit wir wieder mit hochphysikalisch-naturwissenschaftlicher Denkführung bei dem „Uragens" namens Gott angekommen sind. Man denke hier an den kleinen Exkurs zu Dirk Schneider (siehe im nächsten Abschnitt).

Physikalisch ist bei einem 28 Milliarden Kilometer durchmessenden, kugelförmigen Universum Schluss. Das Maryland-Experiment mit dem Hubble-Teleskop konnte das zeigen. Messtechnisch ist die vorgenannte Theorie damit ebenfalls bestätigt – einschließlich der Tatsache der Nicht-Zeit vor der Zeit, in der wie gefangen sind, einschließlich solcher Dinge wie der „ Dunklen Energie".

Fazit: Selbst Naturwissenschaftliche Überlegungen führen zu einer klaren Schlussfolgerung: Vor dem Urknall bzw. der Vakuumextraktion und vor der Zeit gab es „etwas". Ich jedenfalls nenne es Gott.

Das Besondere ist nun nicht nur, dass es einen Schöpfergott geben muss; das Besondere ist, dass dieser Schöpfergott sich naturwissenschaftlich ziemlich weit „in die Karten schauen" lässt. Genau dieser Gott ist es, der nicht nur die Schöpfung hervorgerufen hat, sondern auch uns Menschen als „Du" begegnet. Nehmen wir Ihn an.

Kleine Randbemerkung: Meine physikalischen Ausführungen sind eine stark zusammengefasste Beschreibung des gegenwärtigen Wissens – man kann im WWW zahlreiche mehr oder weniger gelungene Darstellungen und Erklärungen zu den o.g. Tatsachen finden. Deshalb ist eine direkte Zitierung nicht wirklich sinnvoll – die Leserschaft mache sich die Mühe, selbst durchs Netz zu surfen. Es ist phantastisch, aber Vorsicht – es könne selbst bei Zweiflern dabei herauskommen, dass es Gott doch gibt.

Wie definiere ich nun „Gott"?

Das kann ich nicht, denn ich bin und bleibe Mensch. Ich kann lediglich mein „Verständnis" darlegen.

Ich bin Christ. Das ist nicht besser oder schlechter als eine andere Religion. Denn alle Religionen haben nur einen Schimmer der Wahrheit, sind ein Amalgam aus dieser Erkenntnis des Göttlichen und einer großen Portion Mensch – mit allen seinen Fehlern wie Gewalt. Selbst der scheinbar so sanft daherkommende Buddhismus ist nicht völlig frei von Gewalt und Regeln, die den einzelnen Menschen zu etwas zwingen; von den anderen Religionen mit all ihrer Gewaltausübung will ich ganz schweigen. Göttlich ist diese Gewalt jedenfalls nicht.

Das Christentum ist für mich aus dem großen Angebot von Religionen ein guter Weg, mich dem Göttlichen zu nähern. Seine Gewaltgeschichte ist jedoch tragisch und wirkt heute noch. Das meine ich nicht. Erst in den letzten Jahren/Jahrzehnten wurde zunehmend erkannt, dass das Christentum, wenn es denn richtig verstanden und angewandt wird, gewaltfrei und nächstenliebend ist. So zumindest der Anspruch. Wir alle wissen, dass leider zwischen Anspruch und Wirklichkeit Welten klaffen. Leider.

Aber das Christentum hat dennoch zwei für mich wichtige Wurzeln, aus denen für mich Glaube entsteht: die Liebe und die Trinität. Sie sind die Besonderheit des Christentums und hebt es trotz aller seiner Fehler und evidenten Mängel über andere Religionsverständnisse des Göttlichen heraus

Liebe – diese Gefühl, das niemand erklären kann, dennoch jeder Mensch kennt und erfahren hat. So ähnlich kann man sich Gott vorstellen. Es gibt die Liebe, gesehen hat sie niemand. Wen wundert es, dass also Liebe ein Synonym für Gott ist?

Trinität will ich unter naturwissenschaftlichem Aspekt kurz erläutern. Drei Götter in einem? Das genau ist es nicht. Die Metapher zum Verständnis von „Drei in einem" - selbst Goethe hatte das nicht verstanden gehabt - ist gerade dank der modernen Naturwissenschaft verständlich(er) geworden. Beispiel H_2O: Chemisch eine klar definierte Substanz. Physikalisch dagegen eine Dreiheit aus Eis, flüssigem Wasser und Dampf. Eben „drei in einem".

Sicher, das ist keine Erklärung Gottes, aber ein Hinweis, dass das, was viele Gläubige und erst recht viele Nicht-Christen so unverständlich finden incl. Goethe, doch bei weiterem Nachdenken so unverständlich bzw. unmöglich gar nicht ist.

Und es geht sogar noch weiter – flüssiges Wasser ist, so wie wir es kennen, H_2O. Aber es gibt auch sog. Schweres Wasser. Es sieht aus wie Wasser, verhält sich i.d.R. wie „normales" Wasser, ist aber H_3O und hat damit noch ein paar Zusatzeigenschaften, die man in Atomkraftwerken zur Sicherheit nutzt.

Diese beiden Hinweise mögen genügen, um zu zeigen, dass scheinbar Klares doch so klar nicht ist. Ohne Nachdenken jedenfalls geht es nicht. Deshalb sind gerade auch Physiker, die mehr von der Sache verstehen als hier kurz angerissen ist, immer mehr bereit, an Gott zu glauben. Heisenberg ist dafür die Blaupause. Er sagte: Wer aus dem Becher der Wissenschaft trinkt, ist am Anfang Atheist. Aber am Grunde des Bechers wartet Gott. Auch Einstein war übrigens gläubiger Christ.

Das ist, von wahrlich klugen Physikern geäußert, schon hier das Fazit des Buches. Man könnte sogar sagen, dass die moderne Naturwissenschaft incl. der Quantenphysik sich auf den Weg des Gottesbeweises begeben hat. Sie ist schon ziemlich weit dabei gekommen. Auch das will ich weiter ausführen:

Entnommen habe ich einige Gedanken dem sehr lesenswerten Buch von Dirk Schneider, einem Quantenphysiker. Bezeichnend ist der Titel seines Buches: Jesus Christus – Quantenphysiker.

Ich habe hier eine kurze Zusammenfassung geschrieben (steht in meinem Buch: Hl. Geist: (k)ein Phantom !?):

Kurze Zusammenfassung von:
Dirk Schneider – Jesus Christus Quantenphysiker
Um es gleich zu sagen: Diese kurze Zusammenfassung soll keineswegs den
Inhalt des lesenswerten Buches – auch als e-book erhältlich – vollständig
darstellen und ersetzen.
Jedoch sind einige Aussagen des Buches für meine Erkenntnis und meinen Text
wichtig, so dass ich aus den Kapiteln 10 und 11 die für mich wichtigen Kernaussagen hier vorstellen möchte mit der ausdrücklichen Aufforderung,
mehr im Original nachzulesen.
Kap. 10:

- Die nichtmaterielle Wellenfunktion wird durch die bewusste Beobachtung
durch das Quantenbewusstsein mithilfe des Gehirn-Geistes zum Kollaps
gebracht. Warum lese man im Buch selbst nach.
- Daraus entstehen 3 Thesen:
a) Quantenwellen = Vater
b) Quantenbewusstsein = Heiliger Geist
c) Materieller Gehirn-Geist = Sohn
Das nennt Schneider die „Trinität der Quantenphysik"
(Anmerkung; Bereits Joseph Ratzinger hatte Quantenwellen als Gleichnis für
Gott gesehen.)
Schneider folgert daraus: Die wissenschaftliche Welt könne nur dann widerspruchsfrei und frei von Paradoxa erklärt werden, wenn man voraussetzt,
dass es für die Schaffung aller materiellen und geistigen Dinge einen geheimen
Urgrund gibt, der Quantenwellen genannt werde. Daraus entstünde alles, auch
das Materielle, bis hin zu Galaxien.
Beispiel: Der Gedanke an einen Ball sei geistig, der konkrete Ball materiell.
Aus den Eigenschaften der Quantentheorie die materielle Welt zu erklären,
ginge nur mithilfe des Quantenbewusstseins. Die konkrete Auswahl daraus, die

—

wir als Welt wahrnehmen, ist diskontinuierlich, also quasi zufällig. Sie hätte
auch anders erfolgen können.
Heißt – die Auswahl des materiellen Ereignisses erfolgt durch das Quantenbewusstsein (= Hl. Geist) aus den vielen Möglichkeiten, die durch die
Quantenwellen (= Vater) angeboten werden. Das Quantenbewusstsein, das mit

dem Hl. Geist gleichgesetzt ist, erschafft also unsere Welt in jedem Augenblick

neu.

Ps 104, 29-30 sei die analoge Stelle in der Bibel.

Sie bedeutet: Wenn der Odem weggenommen wird, entsteht Staub, und aus

dem Odem wird die Gestalt der Erde erneuert.

Oder anders: Im Geist ist der Schöpfer innerhalb seiner Schöpfung gegenwärtig.

Folglich sei Gott aus der Sicht der Quantenphysik zeitlich nichtlokal = ewig;

räumlich nichtlokal = allgegenwärtig; transzendent und immanent.

So nehme er auch Anteil am Schicksal eines jeden Menschen.

Kap. 11:

Der Gehirn-Geist = Sohn wohnt in jedem Menschen infolge seines individuellen

Bewusstseins. Der Begriff „Sohn" stehe im Sinne der Quantenphysik als Symbol

für alle Menschen.

Paradox? Bei Paulus in Römer 8 (14-17) steht immerhin: Denn welche der Geist

Gottes trieb, sind Söhne Gottes.

Da nun, siehe Kap. 10, in jedem Moment eine je eigene materielle Wirklichkeit

entsteht als Auswahl aus den vielen Möglichkeiten, ist der (auswählende)

Mensch in einer gewissen Sohnschaft vorhanden; immerhin nennen wir Gott

Vater und betrachten uns Menschen als seine Kinder (das habe schon Leonardo

Boff in seinem Buch: Kleine Trinitätslehre so geschrieben).

Weiter: In 1. Mo 1, 27 steht: Gott schuf den Menschen zu seinem Bilde.

Daraus schließe der evangel. Theologieprofessor Eckstein aus Tübingen, dass

das Ebenbild der sichtbare Ausdruck einer unsichtbaren Kraft sei.

Für Schneider bedeutet das, dass der Mensch die sichtbare und erfahrbare
Verkörperung der unsichtbaren Quantenwellen (Vater) auf Erden sei.

Jesus konnte die Zukunft vorhersehen. Das sei aus der Sicht der Quantenphysik
(und der Interpretation von J. Ratzinger und Meister Eckart) kein Vorherahnen,
sondern ein gleichzeitiges Wahrnehmen aller Zeiten. Das ist nur
quantenmechanisch zu erklären und zu verstehen.
Somit ist alles räumlich und zeitlich „nichtlokal", also ungetrennt. Wir seien
damit weder zeitlich noch räumlich von Jesus getrennt, obwohl 2000 Erdenjahre
vergangen seien und Jesus in einem anderen Land gelebt hat als wir.
Zum Schluss schreibt Schneider: „Wenn man sich mit der Quantenphysik
beschäftigt, erscheint diese zunächst scheinbar ohne Bezug zur Spiritualität. Je
tiefer man sich aber mit deren Interpretation befasst, desto mehr nähern sich
Naturwissenschaft und Glaube einander an."
Ich hoffe, ich habe die wichtigen Aussagen korrekt widergegeben. Ich fordere
aber ausdrücklich zur Lektüre des (spannenden) Originals auf.

Wunder – eine quantenmechanische Realität

Wem aufgrund dieser kurzen Buchzusammenfassung von Dirk Schneider dieser Rückschluss zu schnell ist, den muss ich bitten, das gesamte Buch von ihm zu lesen.

Ich will mich nochmal auf das Zitat von David Ben Gurion beziehen: Wir Menschen sind es gewohnt, spätestens seit Newton, dass wir die Welt immer besser verstehen und erklären, weil berechnen können. Richtig so. Auf der Basis der Newton'schen Physik beruhen die modernen Ingenieurwissenschaften und ihre Leistungen. Uns ist z.B. klar, dass wir dem Gravitationsgesetz unterliegen, wenn wir im 10. Stock aus dem Fenster steigen – der Aufprall weiter unten jedenfalls ist dann unsere letzte Erkenntnis, dass „Physik wirkt". Für den Alltag genügt das völlig.

Stimmt das wirklich? Nein, wir alle nutzen eben der Newton'schn Physik auch die Erkenntnisse aus der Quantenphysik. Sicher, wir arbeiten normalerweise nicht in einem Raketenlabor und reisen auch nicht zu Mond und Sternen. Dennoch ist Quantenphysik alltäglich. Ich gehe davon aus, dass jeder moderne Mensch heutzutage ein Navigationsgerät im Auto hat, zumindest in seinem modernen Smartphone. Die Technik, mit der diese Geräte den von uns gewünschten und eingegebenen Ort finden, ist angewandte

Quantenphysik. Für Kolumbus wäre das noch Hexerei gewesen – bzw. ein Wunder. Wir dagegen nutzen das Wissen wie selbstverständlich im Alltag.

Wenn wir aber nun schon so weit sind, dann ist der Rückschluss auch nicht mehr weit, dass es Wunder geben muss. Denn – wir erleben in Newton'scher Manier, dass der Schreibtisch, an dem wir sitzen, ziemlich hart ist, wenn wir uns an ihm stoßen. Wir wissen aber aus der Schule, dass die Atome, aus denen der (harte) Schreibtisch besteht, so aufgebaut sind, dass nur ein winziger Bruchteil greifbare Masse ist, die um einen großen Hohlraum angeordnet ist, nämlich als Atomkern mit ständig sich bewegender Elektronenwolke. Damit ist in jeder einzelnen Millisekunde der Atomkern anders als davor, da seine Elektronen auf ihrer Bahn an einen anderen Platz weitergesaust sind. Damit ist der Tisch von Millisekunde zu Millisekunde neu erstellt. In der Regel ist es nun so, dass die Baustruktur der Tisch-Atome sich immer gleich organisiert, wie Newton das seinerzeit erkannt hat. So können wir den Tisch kaufen und uns auch an ihm stoßen.

Die Chaostheorie bzw. die Wahrscheinlichkeitsrechnung und die Unschärferelation lehren uns aber mit ihrer Mathematik, dass sich diese so scheinbar festgefügte Ordnung auch verändern kann. Analog gilt dies für alles, was auf Erden ist, und alles außerhalb der Erde. Wenn nun bei der von Millisekunde zu Millisekunde sich neu zusammenfügenden Anordnung eine Änderung eintritt, dann haben wir auch eine Veränderung in der Newton'schen Struktur. Zufall? So nennt es die Chaostheorie, so nennt es die Wahrscheinlichkeitsrechnung, so nennt es die Atomphysik, so nennt es die Quantenphysik.

Wie nennt es ein Gott-gläubiger Mensch? Durchaus Zufall, aber auch in bestimmten Zusammenhängen: Wunder. Zwischen Zufallsergebnis und Wunderergebnis besteht quantenphysikalisch kein Unterschied. Worin besteht er dann?

Ich will zwei solcher Wunder-Ereignisse schildern: eines ist gut 500 J her, das andere habe ich selbst erlebt.   Das historische Ereignis ist die Heilung von Ignatius v. Loyola. Er war als Soldat schwer verwundet worden, so dass er todgeweiht war. Er bekehrte sich auf seinem langen Krankenlager zu Gott nach ausführlicher Lektüre der Bibel – und wurde gesund. Was ist das Wunder daran? Vor 500 Jahren, also in einer Zeit ohne moderne Unfallmedizin, ohne Antibiotika waren die schweren Verletzungen von Ignatius eigentlich tödlich. Der Tod war ja das Ziel seines Gegners gewesen. Dafür hatte dieser ziemlich gut vorgesorgt. Trotzdem wurde Ignatius gesund – entgegen jeder (medizinischen) Möglichkeit der damaligen Zeit. Vorausgegangen waren zwei Ereignisse – die Bekehrung zu Gott und das intensive Gebet. Die Konsequenz von Ignatius nach seine Heilung war, dass er darauf brannte, seine Erkenntnisse von Gott in die Welt zu tragen, damit sie jeder Mensch auch bekommen könne – er gründete den Jesuitenorden. Seine Heilung war damals nämlich ohne ein Wunder Gottes nicht möglich gewesen. Ignatius hat das so formuliert: „Gerade da hebt sich das Vertrauen auf Gott am höchsten, wo die menschliche Hoffnungen am tiefsten sinken. Denn wo alle menschliche Hilfe weicht, da macht sie der göttlichen Platz."

Das moderne Wunder, das ist selbst als Arzt leibhaftig erlebt habe, ist dieses: In meinem Krankenhaus gab es eine Abteilung für Knochenmarkstransplantation. Es kann dabei unter der Behandlung leider vorkommen, dass Gliedmaßen nekrotisch werden und absterben, so dass sie zur Sicherheit für den Patienten amputiert werden müssen, um ihn nicht durch Infektion zu gefährden. So auch bei jenem Mann: Er war aufgrund seiner Zehennekrose für die Amputations-OP vorgesehen und wurde vorbereitet. Er bat dann, nachdem alles vorbereitet war, um einen Aufschub bis zum nächsten Tag – er wolle nochmals beten. Die Op wurde also um einen Tag verschoben. Am nächsten Morgen war der Nekrosebefund, der die klare Indikation zur OP gegeben hatte und wochenlang unverändert geblieben war, fast vollständig abgeheilt – über Nacht. Was war geschehen? Der Patient berichtete, dass er in der Nacht vor der OP intensiv zu Gott gebetet hatte – besonders um Abheilung der Nekrose, damit die Amputation nicht mehr notwendig wäre. Und sie war nicht mehr notwendig. Medizinisch scheidet eine „normale" Heilung jedenfalls aus – sie hätte Wochen gedauert aufgrund der Größe der Nekrose. Binnen weniger Nachtstunden war sie jedenfalls unmöglich. Für mich ist diese „Spontanheilung" unerklärlich, mithin ein Wunder Gottes.

Ohne das hier nun weiter ausführen zu wollen – es gibt auch in der medizinischen Literatur unzweifelhafte Wunderheilungsberichte. Ein Beispiel: Todkranke Herzpatienten wurden nach Genehmigung prospektiv-randomisiert in zwei Gruppen eingeteilt, ohne dass sie wussten, zu welcher Gruppe sie gehören. Für die eine Gruppe wurde nun täglich gebetet – für die andere dagegen nicht. Nach einigen Wochen wurde Bilanz gezogen: Die Gruppe, für die nicht gebetet wurde, hatte den üblichen, bekannten Verlauf mit der ebenfalls bekannten Sterblichkeitsrate. Und die Sterblichkeitsrate in der medizinisch identischen Gruppe, für die eine Baptistengemeinde täglich intensiv gebetet hatte? Im gleichen Zeitraum starb aus dieser Gruppe kein einziger Patient! Da die medizinische Befundlage jedoch identisch war, also die übliche Sterberate hätte eintreten müssen, bleibt als Erklärung nur ein Wunder infolge Gebetserhörung, denn der einzige Unterschied der beiden Gruppen lag im Gebet, lag im Glauben.

Man kann sich auch die medizinische Dokumentation der Wunderheilungen von Lourdes ansehen. Sie ist äußerst streng. Nur durch z.B. objektive Befundvergleiche - wie Röntgenbilder vor und nach Gebetsheilung – nachgewiesene „positive Veränderungen" werden als Wunder anerkannt. Subjektivitäten jedenfalls wie psychische Zustandsänderungen werden nicht anerkannt, da sie von Dritten nicht wirklich objektiviert werden können. Dennoch bleiben objektive Wunderheilungen belegbar; die Überprüfung erfolgt durch ein hochqualifiziertes Medizinerkollegium.

Die vorhin angesprochene Wund-Heilung ist die Neuordnung von Zellen mit ihren immanenten Atomen. Wenn etwas heilt, ist also ein Zeitablauf mit entsprechendem Zeitbedarf notwendig = Heilung; dabei geschieht in der Zeit meist ein standardisierter Ablauf wie in jedem Pathologielehrbuch nachlesbar, geschieht eben nach den Regeln von Newton und der darauf fußenden Biochemie. Nicht immer aber tritt Heilung ein. Sie ist kein zwangsläufiger Prozess; Heilung kann auch schiefgehen. Wenn sie entgegen aller Wahrscheinlichkeit trotzdem gelingt, muss man nachfragen. Schnell ist man bei der Quantenphysik, denn: Quantenzustände können sich auch anders organisieren als erwartet – das ist die Erklärung für bzw. von Wundern. Sie sind selten, aber eben nicht unmöglich.

Wer organisiert nun diese Wunder?

Das kann Zufall sein, muss es aber nicht. Die vorgenannten Ereignisse jedenfalls lassen aufgrund ihrer objektiven Stringenz nach intensivem Gebet nur den Schluss zu, dass das keine Zufälle sind, sondern göttlich bewirkte Wunderheilungen.

Wenn ein Zufallsereignis anzunehmen wäre, hätte es z.B. bei den Herzpatienten in beiden Gruppen Heilungen und Todesfälle geben müssen (immerhin wurde die Studie von einer bekannten amerikanischen Universität wissenschaftlich begleitet.). Die Mathematik der Statistik zeigt das ganz klar. Aber so war das in den vorgenannten Fällen eben gerade nicht.

Naturwissenschaftler und Gott

Allerdings – das System der Schöpfung ist durchaus regelhaft. Das zeigen bekannte und durchaus für ihr Wissen und Können anerkannte Physikerinnen und Physiker. Siehe hierzu: Barbara Drossel (Hrsg.): *Naturwissenschaftler reden von Gott* (Verlag Brunnen als e-book) ; aber hier kommen diese „trockenen" renommierten Wissenschaftler zu Wort und erklären, warum sie gerade als Wissenschaftler an Gott glauben – sie brauchen ihn quasi als Erklärung physikalischer Phänomene – gerade auch in der Quantenphysik. Ganz aktuell kann man das bei Ralf B. Bergmann (Gott und die Erklärung der Welt) lesen; Bergmann schreibt auch über das Spannungsfeld von christlichem Glauben und atheistischer Weltanschauung. Und zeigt dabei auf, dass es gute Gründe gibt, an Gott zu glauben. Bergmann ist Physikprofessor an die Uni in Bremen.

„Gott ist eine vernünftige Erklärung für die Feinabstimmung des Universums" – diese Kapitelüberschrift steht in: *Begründet glauben* von Stephan Lange (ebenfalls als e-book). Lange dienen dabei die neuesten naturwissenschaftlichen (Er)Kenntnisse als Begründung, warum unsere Welt ist, wie sie ist, und was sie zusammenhält – bzw. wer?

Ich habe diese Bücher angeführt, weil ich darstellen möchte, dass es eben kein Widerspruch ist, Naturwissenschaftler und Gott-Gläubiger zu sein, im Gegenteil. Heisenberg und Einstein (s.o.) konnten jedenfalls ihre Physik mit ihrem Glauben vereinbaren. Das Verdikt der modernen Welt, gerade von Leuten wie Dawkins und Hawkins getragen, dass wir nur tief und lange genug forschen müssten, bis wir alles verstehen können, weil es Gott nicht geben könne – dieses Verdikt gegen den Glauben, gegen die Existenz Gottes ist gerade aus naturwissenschaftlicher Sicht falsch. Dawkins denkt nur gefangen in seinen Formeln, den entscheidenden Schritt vom „Wie" zum „Warum" verpasst er. Und Hawkins lässt Etwas aus Nichts durch ein – von ihm unerklärtes Gravitationsgesetz – entstehen; er begeht dadurch den banalen philosophischen Fehler, den Regress auf die letzte Ursache zu verweigern – diese letzte Ursache ist jedoch – Gott. Ex nihil – nihil. Also - Das Gravitationsgesetz in Ehren – aber woher bzw. wie entstand es, bzw. wer hat es entstehen lassen? Unfreiwillig hat Hawkins damit Gott beschrieben als den „Autor" des Gravitationsgesetzes.....

Ich fordere also zur Lektüre auf und zum eigenen Denken. Sehr aufschlussreich in dieser Sache ist auch das Buch von Bergmann, der nicht nur physikalisch, sondern auch erkenntnistheoretisch Dinge darstellt und in sich logische Schlussfolgerungen zieht, die bei einem „Uragens" enden, das eben Gott ist.

Wer nun meint – Gott ja, aber Christentum nein, sollte sich auch mit einem weiteren „Physikbuch" beschäftigen: *Christsein ist keine Religion* von Albrecht Kellner (ebenfalls als e-book erhältlich). Kellner ist erst mit „Verspätung" zum Glauben gekommen. Er schreibt durchaus kritisch.

Auch für mich als bekennenden Christen ist das nachvollziehbar, was Kellner schreibt. Er arbeitet nämlich den Unterschied zwischen Glauben und Religion auf – die Vermengung ist nicht wirklich zulässig. In der Religion ist auch immer eine große Portion Menschendenke enthalten. Das muss man bedenken; wer das nicht tut, mag die Religionen kritisieren und verwechselt diese berechtigte Kritik an allen Religionen mit der Kritik am Glauben an Gott. Religion kann stellenweise sogar den Glauben an Gott behindern ….. Religion – jede! – ist der menschliche Verstehensversuch für das Nicht-Verständliche namens Gott. Dass Menschen aber nicht alles begreifen, grundsätzlich Fehler begehen und Dinge zusammensetzen, die nicht wirklich zusammen gehören – wen wunderts. Deshalb nochmals – Gott unbedingt ja, Religion auch ja, aber nur mit einer gehörigen Portion Skepsis und Nachdenken. Gott absolut – Religion relativ.

Religion ist die Straßenkarte zur „Landschaft" Gott. So ist die Relation zu verstehen. Also nochmals: wer diese Relation nicht beachtet, argumentiert am Eigentlichen vorbei.

Atheisten achten die Naturwissenschaft, beachten aber nicht ihren Urgrund. Das ist ihr entscheidender Denkfehler. Religiöse Fundamentalisten unterscheiden sich kaum von ihnen, weil sie diese Relation ebenfalls nicht beachten.

Es gibt noch weitere Kronzeugen der Naturwissenschaft für den Glauben an Gott. Ich habe diese vier Bücher herausgegriffen, weil ihre Autoren physikalisch denken, und aufgrund von naturwissenschaftlicher Erkenntnis zu ihren Aussagen kommen. Unabhängig von ihrer persönlichen Erziehung.

Da ich eingangs gesagt habe, dass ich an Gott glaube, verzichte ich bewusst auf weitere eigene Darstellungen in diesem Zusammenhang und verweise auch noch, wie im Vorwort geschehen, auf Jungbluth. Die Aussagen der Physiker stehen für sich.

Hier ist nun die Zeit, mein persönliches Erleben zu schildern

Wie komme ich zum Glauben? Nun, ich war bereits Arzt und übte meinen Beruf aus, als ich langsam merkte, dass zwischen OP und Heilungssicherheit noch ein drittes Agens vorhanden sein musste, damit die Patienten gesund wurden. Ich war zwar getauft, aber mit Kirche hatte ich wenig zu tun. Ich glaubte so allgemein an Gott. Aber konkret? Nein, konkret war das nicht.

Neben diesem „dritten Heilungsfaktor" und meinem eigenen Lebenslauf fand ich noch etwas. Ich konnte das erst im Rückblick sehen. Mein Leben verlief anders, als ich es prinzipiell geplant hatte. Aber es lief gut, ja sogar besser als erhofft. Immer wenn ich an einem wichtigen Punkt angekommen war, „öffnete" sich nämlich eine Tür – und der weitere Weg war dadurch absolut klar. Und er funktionierte – bis zur nächsten Tür. Im Laufe der Zeit habe ich gemerkt, dass dieser „Türöffner" nicht der Zufall war, sondern „jemand". Dieser „Jemand" stellte sich als Gott heraus. Ich durfte eine persönliche Beziehung anfangen. Immer, wenn ich an einen Problempunkt kam, nicht mehr weiter wusste, öffnete sich nach intensivem Gebet die nächste Tür. Ich bekam schließlich die Gewissheit, dass ich geführt bin. Siehe dazu auch mein Buch über den Hl. Geist. Ich durfte Gott begegnen bzw. Er kam zu mir, als ich wirklich nicht an Ihn gedacht hatte.

Das ist nun kein Gottesbeweis – den kann und wird es nicht geben. Aber wem Gott die Gnade gibt, sich Ihm nähern zu dürfen, dem gibt Er eine Gewissheit, die absolut gleich sicher ist wie 2 + 2 = 4 ist. Voraussetzung ist, sich gläubig zu öffnen. Dass dann Wunder geschehen können – ich habe es vorhin geschildert.

Im Laufe meines Arztseins jedenfalls habe ich lernen dürfen, dass dieser „dritte Heilfaktor" den Namen Gott trägt. Deshalb möchte ich die alte Erkenntnis umformulieren für mich: Medicus curat, sed DEUS sanat. (Gott heilt, was ich als Arzt „nur" behandle.)

Mein Berufsleben wie mein privates/persönliches Leben ist von Gott geleitet. Sein Wille geschieht. Das ist also kein frommer Wunsch, wie er auch im „Vaterunser" steht, sondern das ist erlebtes Leben, erlebte Gewissheit.

Dabei gab und gibt es immer wieder Überraschungen. Aber es ist wie Weihnachten – diese Überraschungen sind gut und positiv. Ich kann und darf mich darauf freuen.

Im Laufe meines Lebens haben diese guten Überraschungen mein Gottvertrauen immer tiefer und sicherer werden lassen – so dass es auch in Zeiten trägt, wenn es auf den ersten Blick nicht so gut aussieht. Ich habe gelernt zu warten – und dann feststellen zu dürfen, dass in allem eine positive Führung Gottes steckt. Es ist wirklich Sein Wille, der geschieht.

Glaube und wissender Glaube

Glaube wird oft als „Nicht-Wissen" kolportiert. Nicht falsch, aber auch nicht richtig. Was man gelernt hat, kann man wissen, wenn man auch gelernt hat, wie man diese Erkenntnisse behält und dann anwendet. Dann kann man das Wissen anwenden – weg z.B. von der Schulmathematik, die durchaus ziemlich theoretisch sein konnte, hin zur angewandten Mathematik, um z.B. Arzneimitteldosen oder die Statik eines Brückenbaus zu errechnen. Hier muss, ja darf ich nicht glauben, dass die Dosis stimmt, die Brücke hält. Hier ist allein Wissen gefragt.

Aber es gibt eindeutig mehr als nur schematisches Wissen. Hier beginnt der Glaube. Einmal banal – ich glaube, die Partei XY hat die beste Politik, deshalb wähle ich sie. Aber auch dann ganz tief denkend – eben der Glaube über die Welt hinaus, mithin der Glaube an Gott.

Aber auch das ist anfangs mehr eine philosophische Denksportaufgabe – siehe mein Beispiel des Urknalls. Gott muss es geben – ist das Ergebnis. Da ich ihn nicht greifen kann, muss ich das folglich glauben.

37

Aber das ist nicht das, was ich mit Glauben meine. Glauben an ein Prinzip Gott – nun ja. Richtig, aber nicht überzeugend für denjenigen, der sich nicht überzeugen lassen will. Glauben als persönliche Begegnung mit Gott – DAS ist es, wodurch und wovon wir leben. Diese unmittelbare Begegnung geschieht immer wieder. Gerade erklärten Atheisten geschieht sie offensichtlich, wie Frossard und Rørth beschreiben. Sie kamen nach der je persönlichen Begegnung vom Nicht-Glauben zum Gott-Glauben. Beeindruckend.

Ich durfte Gott ebenfalls begegnen. Das waren umwerfende Ereignisse, die mich in meinem weiteren Leben geprägt haben. Das ist so intensiv, wie eine Begegnung face-to-face nur sein kann. Das führt mich zur Glaubensgewissheit: Gott existiert. Ganz allgemein als Uragens (s.o.), vor allem aber ganz persönlich als mein Gegenüber, als mein „Du", auf das ich mich verlassen kann.

Es sind diese beiden Aspekte – objektiv Gott als Urgrund von allem. Davon künden die Naturwissenschaften, wenn wir denn lernen, sie richtig zu verstehen. Gott lässt sich in der Welt und ihren Erscheinungen erkennen.

Wichtiger ist für mich: Vor allem aber subjektives Erkennen – im persönlichen Erleben darf/durfte ich Gott begegnen. Wenn man gelernt hat, Gott zu spüren und Ihm zu vertrauen, dann trägt das durchs Leben. Deshalb kann ich überzeugt sagen: Ich glaube nicht mehr – ich weiß, dass Gott lebt.

Warum gehöre ich dem Christentum an und nicht einer anderen Religion?

Einmal ganz banal – ich bin in einem christlichen Land geboren und getauft worden. Aber ich lebe nicht mehr wirklich in einem christlichen Land – unser Land hat sich verändert hin zum Atheismus, weil gerade die Naturwissenschaften missverstanden wurden und werden. Ferner gibt es in unserem Land außerchristliche Religionen, die vorwiegend einen anderen Zugang zu Gott sehen – allen voran Muslime und Juden. Christen sind in Deutschland auf dem Weg in die Minderheit.

Insofern ist meine Entscheidung für das Christentum nicht so automatisch, wie es scheint. Oder anders – ich hatte kulturelle und religiöse Voraussetzungen, aber keinen Automatismus. Ich hatte mich auch mit Islam und Judentum beschäftigt.

Wie ich dann weiter gelernt habe, gerade in der immer persönlicheren Begegnung mit Gott, musste ich mich zwar öffnen, aber als Gläubigen hat Gott mich erwählt. Es ist keinesfalls so, dass ich mich einfach hingesetzt habe: So, jetzt komm mal vorbei, Gott. Nein, Er kam zu mir, ich durfte Ihn schauen und spüren, als ich gerade mit anderen Dingen

39

beschäftigt war. Ganz klar – Er hat den Zeitpunkt gewählt. Das ist der entscheidende Unterschied: Gott wählt Seine Gläubigen.

Eine Anmerkung dazu. Auch Rørth und Frossard waren mit ganz anderen Dinge beschäftigt, als Gott ihnen gegenüber trat und sie ansprach. Sie berichten darüber.

Zwar kommt Er zu jedermann – aber ob Er willkommen ist, ob man Ihn spürt, das hängt vom Gläubigen ab und seiner Bereitschaft, sich Gott zu öffnen. Wisse – man kann Gott nicht herbeizitieren, man kann Ihn aber aus seinem Leben durch Unglauben vertreiben. Richard Dawkins hat das geschafft und steckt nun bei all seiner Klugheit fest. Entscheidend ist wohl, dass man offen ist; dann kann Gott kommen. Um Skeptikern gleich den Wind aus den Segeln zu nehmen: Gott kann auch verschlossene Menschen „umdrehen". Gerade Frossard ist ein Beispiel, aber auch Jungbluth. Entscheidend ist, dass sie neugierig waren, und „ergebnisoffen", also nicht so apodiktisch und stur wie Dawkins und Hawkins, für die nur das möglich ist, was sie selbst verstehen. Dabei sollten sie gerade bei ihrer Klugheit verstanden haben, dass ein Mensch – also auch sie – einfach nicht alles verstehen kann. Man bleibt immer innerhalb seines Systems gefangen – und sei es das eigene menschliche Gehirn. Nur der Geist greift weiter, wenn man ihn denn greifen lässt und nicht innerhalb von einem z.B. mathematischen Denkmodell einsperrt.

Dass Gott kommt, ist also immer Gnade, für die man sich folglich öffnen muss. Es ist jedenfalls sehr kurzsichtig, um nicht zu sagen unverständig, sich nicht mit Transzendentem jenseits der bekannten Naturwissenschaft zu beschäftigen und sich nicht für das über diese Wissenschaften hinausgehende Sein zu öffnen. Nochmals: Naturwissenschaften sind gut zur Erkenntnis des Was und Wie, aber sie sind unzureichend zur Erkenntnis des Warum und des Wer.

Das ist übrigens ein möglicher Weg, offen zu sein: – Sola scriptura, sola Dei gratia. Das erkannte schon vor 500 Jahren Martin Luther und merkte: Sola fide wird dann etwas draus.

Warum also Christentum – trotz aller schlimmem Vergangenheit, die noch nicht einmal sehr lange her ist – siehe den Konflikt zwischen Protestanten und Katholiken in Nordirland?

Ist das schwer zu verstehen? Jein.

Ein Beispiel – Gott ist die Liebe. Wenn wir nun einmal annehmen (was gar nicht so selten ist), dass ein Mann sich in eine Frau verliebt, diese ihn aber nicht umgekehrt auch liebt, dann bleibt das eine Situation von Einseitigkeit, die erfolglos bleibt. Genauso ist es mit Gott: Er liebt uns, aber wenn wir nicht umgekehrt Ihn auch lieben, bleibt die Beziehung Gott-Mensch aus, sie kann nicht funktionieren. Deshalb ist es zwar Gnade, dass Gott sich mir geoffenbart hat. Aber Er hat mir auch geholfen, mich Ihm zu öffnen. So entstand Glaube, so entstand gegenseitige Liebe.

Liebe aber ist die entscheidende Metapher für Gott. Deshalb bin ich mit Überzeugung Christ. Trotz der gewaltsamen Geschichte des Christentums und aller auch neueren Skandale in den Kirchen. Denn besonders das Christentum der neuen Zeit hat erkannt, dass die Liebe Gottes der Urgrund für unser Leben ist.

Die Liebe als Zentrum des Christentums ist trotz aller begangenen Missetaten der formalen Kirchen(organisationen) DAS exklusive Merkmal des Christentums, das es aus den anderen gottgläubigen Religionen heraushebt. Es ist damit nicht besser als Nicht-Christliche Religionen. Aber mir sagt diese Liebesbeziehung mehr zu; sie ist die Basis meines persönlichen Glaubens an Gott.

Wegen Seiner Liebe bin ich Christ.

Da Liebe die beste aller Metaphern für Gott ist, ja quasi -wie schon beschrieben- Sein Synonym, bin ich dankbar, dass ich spüren darf, dass Gott mich liebt und sich freut, dass auch ich Ihn liebe.

Das Verhältnis ist durchaus ungleich – immerhin bleibe ich ein kleiner, sündiger Mensch. Aber Gott in Seine überbordenden Liebe schaut gnädig und großzügig über diesen Unterschied hinweg. Liebe rechnet nicht an bzw. auf. Liebe gibt verschwenderisch und großzügig. Liebe macht dankbar und demütig. Liebe treibt dazu, dem geliebten Gegenüber das Beste zu geben, was man vermag. Liebe fragt nicht nach dem Preis – Liebe ist immer freiwillig.

Kann man etwas Besseres von Gott sagen als dass Er die Personifikation der Liebe ist?

Die Steigerung dieser Tatsache ist, wenn einem Gott persönlich auf Augenhöhe begegnet – als überwältigendes Du zu meinem kleinen Ich.

Mir ist diese Gnade völlig überraschend zuteil geworden – so dass ich davon sprechen muss. Ich kann gar nicht anders, als von Gott zu reden bzw. zu schreiben. Mein jüngstes

Glaubensbuch – Hl. Geist (k)ein Phantom !? – schreibt von solch einem Ereignis. Es war sehr real – keine Spur von Einbildung oder Phantasmorgie.

Ich bin deshalb von ganzem Herzen bereit, Seinem Willen zu vertrauen. Ich bin dankbar dafür, dass ich das darf – und dass Er mir die Zuversicht gibt, dass Er mich in Seiner Liebe begleitet und führt. Ich vertraue voll und ganz auf Gott und Sein Handeln an mir. Ich danke meinem Gott aus ganzem Herzen.

Ich bin dabei in guter Gesellschaft – die Liste sog. Mystiker und Mystikerinnen ist Legion. Ich möchte nur ein paar herausgreifen - Theresa v. Avila, Theresa v. Siena, Johannes vom Kreuz, Edith Stein etc. etc. Ihnen allen ist eines gemeinsam: Sie haben Gott erlebt, ER ist ihnen immer wieder persönlich begegnet. Das bzw. Er hat sie verändert. Das wurde sichtbar und hat das Leben von diesen Menschen, die man Mystiker nennt, geprägt. Ich verstehe sie, weil die Begegnung mit Gott wahrhaftig „umhauend" ist. Man verändert sich und „zehrt" von diesem Erleben für das ganze Leben. Auch wenn ich definitiv nicht die Größe dieser Vorgänger im Erleben aufweise – ich bin dankbar für das, was Gott mir geschenkt hat. Ich vertraue Ihm, ich verlasse mich auf Ihn, ich bin bei Ihm geborgen.

Das ist der Grund für dieses Buch – das objektive Dinge beschreibt, aber gleichzeitig auch Persönliches Erleben mit/durch Ihn, durch Gott.

Wovon das Herz voll ist, davon muss man reden.

Und was ist nun mit der Kirche bei all diesen Liebesbeziehungen?

Grundsätzlich ist zu sagen, dass Kirche im besten Fall versucht, das Christentum zu formen, zu erklären und den Menschen verständlich zu machen. Das Problem dabei ist, dass Kirche nicht nur mit Glauben und Gott zu tun hat, den sie den Menschen vermitteln soll, sondern dass Kirche – ich meine hier nun jede Konfession und Teilkirche – immer auch eine Menschenorganisation ist. Soweit das Mittel zum Zweck der Verkündigung ist, ist das zunächst einmal in Ordnung. Aber als Machtapparat? Dort liegt das Problem. Ich will, weil das nicht das Thema des Buches ist, nicht weiter darauf eingehen.

Mir geht es an dieser Stelle darum, dass es ein Spannungsfeld zwischen Glauben und Theologie gibt, das durchaus hinderlich sein kann, eine eigene Beziehung zu Gott zu leben. Theologie versucht, das Geheimnis Gottes näher zu ergründen. Ich habe davon schon einiges gelernt, was mir im Glauben und seiner Vertiefung geholfen hat. Hier wurden Lücken aus dem Alltagsglauben sinnvollerweise geschlossen. Jedoch – Theologie geht als Wissenschaftsdisziplin oft weit darüber hinaus. Ein Beispiel: Hilberath et al. Glauben heute …. . und darüber hinaus dann Bultmann, der irgendwie an den Grundaussagen des Glaubens zweifelt – als Theologe.

Für mich gibt es deshalb nur das Fazit – Theologie als Wissenshilfe ist wichtig, aber als übersteigerter Versuch, Gott zu verstehen ist sie zum Scheitern verurteilt und erzielt damit das Gegenteil. Hilfreicher ist, offen zu sein. Gott macht dann das Übrige. Ich durfte es selbst erleben – wie andere Menschen ebenfalls.

Nur folgender Gedanke zum Bedenken: Es gibt keine Lehre der „Liebe". Man kann Liebe nicht denken, man kann sie aber spüren. Dazu muss man aber offen sein für ein Gegenüber. Genauso muss man sich offen zeigen für Gott, der ja die personifizierte Liebe ist. Zuviel Theorie schadet da nur und führt dann in die Irre – siehe Bultmann. Wer dazu mehr erfahren will, warum Bultmann einen Fehlweg beschritten hat, kann dies bei einer seiner Schülerinnen nachlesen, die den Fehler ihres Lehrer erkannt und öffentlich gemacht hat:

Mystik und Erscheinungen

Leben in seiner Vielschichtigkeit, das ist das Wunder des Lebens. Sicher, nicht jede Veränderung ist als Wunder zu begreifen. Es gibt die Evolution, die im Laufe von Jahrmilliarden aus der Ursuppe der Ozeane schließlich das Leben entstehen und sich entwickeln ließ wie wir es heute kennen und wissenschaftlich untersuchen und definieren können.

Evolution nun als Beleg, dass die Schöpfungsgeschichte mit ihren 6 Tagen doch unsinnig ist, wenn schon die Physik, wie berichtet, als Beweis gegen Gott versagt? Seichte Gemüter neigen zu diesem Kurzschluss. Aber:

Ein Grund für die Ablehnung von Gott wird auch darin zu finden sein, dass wir denken, die alten Bibelgeschichten stimmten nicht, weil man sie naturwissenschaftlich widerlegen könne. Kann man das wirklich? Nun, wir wissen, dass die Entstehung der Arten durch Evolution stattfand, die Bildung unserer Erde Milliarden Jahre brauchte. Also klarer Widerspruch zur Schöpfungsgeschichte binnen weniger Tage. Nur, wer so denkt und schlussfolgert, ist einem banalen, wie typischen Irrtum aufgesessen. In der Bibel stehen wirklich 7 Tage für die gesamte Schöpfung, aber 7 Tage für Gott. Für Gott sind aber Milliarden Jahre kaum anders als ein Tag. Das ist also der erste Irrtum, diese 7 Tage nur nach Menschenmaßstab zu verstehen. Der göttliche Maßstab ist an die Genesis anzulegen. Dann passen Bibel und Naturwissenschaft prima zusammen. Überhaupt – so langsam merken die fortgeschritteneren Naturwissenschaftler, gerade die sonst so trocken-rationalen Physiker, dass die Naturkonstanten quasi ein System darstellen, das nur so, nicht irgendwie anders, unser Weltall zusammenhalten kann. Schon eine winzige Abweichung in der 7-ten Stelle nach dem Komma würde dafür sorgen, dass die Welt im wahrsten Sinne des Wortes auseinanderfallen und aus ihrer Planetenbahn geworfen würde. Auch die Tatsache, dass autonome Prozesse entstanden sind, die wir Leben nennen, ist von dieser präzisen Einstellung von Naturkonstanten abhängig. Das alles als Zufall deuten zu wollen, erscheint frech und ignorant. Alles passt zu gut zueinander als dass man ein Design, eine Gestaltung dahinter leugnen könnte. Naturwissenschaft auf dem Wege des Gottesbeweises? Danach sieht es fast aus – siehe die obigen Ausführungen zur Quantenphysik. Es werden zwar immer nur Indizien sein, aber das System der Indizien wird immer dichter. Vergl. Albrecht Kellner: Christsein ist keine Religion, und: Stephan Lange: Begründet glauben.

Weiter - die Schöpfungsgeschichte ist nicht als wissenschaftliche Abhandlung verfasst mit experimentellen Belegen, sondern als Schöpfungsmythos, um Menschen das Handeln Gottes und ihre Herkunft verständlicher zu machen. Immerhin stammt der Schöpfungsmythos aus der vornaturwissenschaftlichen Menschheitsgeschichte. Trotzdem lässt er sich mit heutigem Zugang verstehen, wie schon

Dieses Zitat stammt aus meinem Jesus-Buch. (Jesus – eine etwas andere Biographie, noch unveröffentlicht). Ich will damit zeigen, dass kurzsichtiges Denken von bzw. über Gott Dinge, die wir wissen, in einem falschen Zusammenhang, in einem falschen Verständnis erscheinen lassen.

Analog gilt das auch für die Begegnungen mit Gott, die die o.g. Mystiker und auch ich erleben durften. Sie sind für uns sehr real. Sie sind nicht einer psychischen Erkrankung geschuldet. Könnte man das noch bei einigen wirklich Kranken vermuten, nämlich an sog. Schizophrenen – bei den Mystikern und auch bei mir scheidet das aus. Ich bin psychisch kerngesund. Auch die Mystiker standen mit beiden Beinen auf der Erde. Deshalb wurde ja auch Theresa v. Avila sogar als Kirchenlehrerin anerkannt – nach langer Ablehnung.

Nein – Begegnungen mit Gott finden statt – wie auch Frossard und Rørth (s.u.) gezeigt haben. Sie sind Wirklichkeit, die man nicht wegdiskutieren kann. Man kann sie, muss sie aber auch, sowohl mit wachem Verstand und ebenso wachem, gläubigen Herzen annehmen.

Angesichts der Tatsache jedenfalls, dass es sie unter so unterschiedlichen Verhältnissen und in solch unterschiedlichen Zeiten gegeben hat und weiter gibt, bleibt nur ein Schluss: Gottesbegegnungen gab und gibt es; Gott ist real; Gott lebt. Wenn es nur eine Handvoll Erlebende gäbe, könnte man Verständnis für Zweifel haben. Aber angesichts einer riesigen Zahl von Menschen, die Ähnliches erleben durften, ist jeder Zweifel falsch.

Ich jedenfalls bin dankbar für den Gnadenbeweis der Begegnung mit Gott. Gott zeigt sich nicht nur in der materiellen Welt, sondern eben auch in der geistigen, transzendenten. Die „Sendefrequenzen" sind unterschiedlich, der „Sender" aber ist Einer.

Wer das anzweifelt, möge darüber nachdenken:

Wenn wir ein Dokument schreiben, ist es real auf unserem Computer und kann mittels eines Druckers haptisch hergestellt werden, wenn wir es nicht gleich von Hand schreiben.

Wenn wir es nun am PC schreiben und nicht ausgedruckt an einen Empfänger schicken wollen, um unser Papier zu sparen, können wir dieses Dokument virtualisieren – als pdf-File.

Dann sind unsere Gedanken geistig vorhanden, immateriell, können aber nach Empfang durch ein Gegenüber wieder materialisiert werden, indem das pdf-File zum pdf-Dokument wird, das man ausdrucken kann.

Der Inhalt des Textes auf Papier wie als pdf-File ist gleich. Er kann aber mal materiell, man virtuell-geistig vorliegen. Dem Inhalt ist das gleich. Nicht aber dem Empfänger. Er muss beide Seinsweisen des Texte bedenken — also nicht nur in den Briefkasten schauen (hier als Metapher für Naturwissenschaften gemeint), sondern auch in der Cloud von pdf-Files (hier als Metapher für den Geist des Textes gemeint). So dürfen wir auch die Dualität von Glaube und Wirklichkeit verstehen. Sie sind zwei Erscheinungsweisen Gottes — wir sehen den Regenbogen als physikalisches Phänomen der Optik genauso wie als geistiges Empfinden für z.B. Schönheit als eine immaterielle Tatsache.

Genauso gehören harte Physik und denkende Geisteswissenschaft zusammen. Nur in beidem zusammen offenbart sich Gott. Sich nur auf einen Bereich zu beziehen ist unvollständig. Realität und Virtualität sind zwei Seiten einer Tatsache.

Einstein — e=m c2

Jeder kennt diese berühmte Formel. Energie und Materie sind gleich. Dass sie uns unterschiedlich begegnen — so ist es. Ich verweise auf den Sinnzusammenhang weiter vorn über Urknall, Raumzeit etc. , um mich nicht zu wiederholen. Nun kann ein kleiner Klumpen Uran gewogen und gemessen werden wie ein Klumpen Erde. Die Newton'sche Physik taugt dafür hervorragend.

Aber wenn man mit diesem Klumpen Uran eine sog. kritische Masse übersteigt, explodiert er; die in ihm schlummernde Energie wird frei. Energie sieht man nicht, aber man kann sie spüren. Sie ist so überwältigend, dass sie unsere ganze Erde in Brand setzen und sie vernichten kann. Auch Gravitation kann man nicht spüren; das gelingt erst (schmerzhaft), wenn wir stürzen und uns wehtun.

Diese Energiemenge z.B. im Uran ist ein Spiegelbild von Gottes Allmacht. In der Regel packt Er sie in einen kleinen Klumpen, den wir in die Hand nehmen können. Daraus zu schließen, dass das alles sei – ist völlig unvernünftig. Energie ist hier das Spiegelbild geistiger Energie. Wir kennen alle das Wort vom Glauben, der Berge versetzen kann. Jeder Erfinder ist ein kleiner Beleg davon. Seine geistige Energie lässt Autos entstehen, die die jahrtausende alte Technik des Pferdewagens ablösten. Das ist in einer kleinen Version der Schöpfergeist des Erfinders. Wer das nicht weiter denkt auf die Schöpfung der Welt hin, die der Schöpfergeist hervorgebracht hat, denkt nicht wirklich nach.

Gott lässt sich in Seiner Schöpfung erkennen – und seit der ersten Atomexplosion sogar eine Ahnung von Seiner Allmacht erkennen, die in der Schöpfung eingebaut ist. Einstein war als Atomphysiker, der genau diese Entdeckung gemacht und beschrieben hat, deshalb gläubig. Er wusste, warum. Geist ist Energie, die sich materialisiert.

Rätsel Ewigkeit

Ewigkeit ist eine Form von Zeit. Über sie können wir in keiner Weise verfügen. Sie entstand sogar erst mit dem Urknall in Form der vierdimensionalen Raumzeit, die unserem Universum immanent ist.

Wir können Zeit zwar messen, aber was vergangen ist, bleibt vergangen, was in der Zukunft liegt, ist noch nicht geschehen. Wir können uns bemühen, soviel wir wollen. Hier ist Schluss mit der Naturwissenschaft und der Möglichkeit, sie uns dienstbar zu machen. Auch das ist eine Folge des sog. Raumzeitzusammenhangs.

Nur der Geist kann in die Vergangenheit denken, und in die Zukunft, obwohl er ausschließlich in der Gegenwart lebt und nur in ihr vorkommen kann.

Zeit bleibt Rätsel und unverfügbar – damit auch die Ewigkeit.

Gibt es also Ewigkeit? Ja, denn sie hängt mit der Zeit irgendwie zusammen. Nur Gott kann aber über sie verfügen. Gott steht offensichtlich außerhalb der Raumzeit, in der unsere Welt, in der also auch wir Menschen gefangen sind.

Deshalb können wir trefflich über Ewigkeit spekulieren und philosophieren. Aber wirklich verstehen oder empfinden können wir sie nicht.

Nun – Zeit insgesamt wird von jedem Menschen subjektiv anders empfunden, trotz objektiver Zeitmessung, die jeder kennt. Heißt, dass die subjektive Zeit mal im Fluge vergeht, mal, dass sie langsam vor sich hintröpfelt. So muss jeder Mensch sich auch anders, nämlich individuell zur Ewigkeit in Beziehung setzen. Denn mittels Geisteskraft können wir uns dem Unverfügbaren der Zeit, der Ewigkeit nähern. Da jeder Mensch hier anderes denkt, ist es müßig, sich darüber auszulassen. Ich kann hier nur schildern, was und wie ich es empfinde.

Die zwar verstehbare, aber kaum empfindbare Erkenntnis der Relativität der Zeit in Abhängigkeit von Standort und Geschwindigkeit ist hier nicht gemeint. Wir können zwar messen, dass die Zeit in einem Flugzeug anders verläuft für die Besatzung als für das Bodenpersonal am Flughafen (im Bereich von Nanosekunden) – aber empfinden können wir das nicht. Deshalb:

Zeit für mich ist die Minutenmenge, die ich aktiv und bewusst mit Gedanken und Taten füllen kann. Früher, als ich noch im Korsett des Berufs in der Klinik gebunden war, hatte ich relativ wenige Minuten, die nicht verplant waren. Nun, am Ende meines Berufslebens ist die Freiheit des Zeitmanagements größer. Die Minuten sind dennoch gleichlang.

Analog geht es mir mit der „Ewigkeit". Gedanklich war sie weit weg, quasi nur eine intellektuelle Gedankenübung. Nun gegen Ende meines Lebens bekommt der Begriff eine andere Dynamik. Je kürzer die noch verbleibende Lebensspanne wird, desto näher rückt die Ewigkeit. Sie ist für mich eine permanente Gegenwart. Auf der Erde gibt es eigentlich keine Gegenwart, denn noch ist sie nicht gekommen; sobald sie da ist, ist sie aber auch sofort schon vorbei, also Vergangenheit. Wir glauben, dass wir Menschen der Gegenwart sind – aber wie gezeigt, ist das falsch. In der Gegenwart bleiben kann man erst, wenn man nicht mehr dem Zeitablauf unterworfen ist, wenn man tot ist. Dann ist man unverändert, dann ist man in der permanenten Gegenwart, dann ist man damit ewig. Dann ist der Zustand der Zeitlosigkeit vor dem Urknall wieder eingetreten. Dann ist die Ewigkeit als Zeitlosigkeit wieder eingetreten. Damit sind wir wieder, s.o., bei Gott.

Gott ist die permanente Gegenwart. Damit ist Gott ewig. Er war, Er ist, Er wird sein. Und so können wir Menschen am Ende unseres Zeitlebens zeitfrei, also ewig leben bei und in Gott. Gott hat die Zeit überwunden. Im AT steht diese Erkenntnis übrigens auch schon: Gott nennt sich hier: Ich bin, der ich bin. Grammatikalisch klingt das unsinnig; physikalisch und geisteswissenschaftlich ist das die kondensierte Definition der Ewigkeit als zeitlose Gegenwart.

Der Tod ist Bestandteil der Zeit. Die Ewigkeit ist dagegen zeitunabhängig, also zeitfrei. Damit ermöglicht Gott uns Menschen nach unserem irdisch-biologischen Tod ewiges Leben. Glauben wir daran? Ich tue es.

Wir werden eine Überraschung erleben, wenn wir von dieser Zeit-Welt in eine zeitfreie Welt hinübergehen. Zwar stirbt unser biologischer Körper dabei. Aber unser Geist bleibt erhalten. Er benutze auf der Erde unseren Körper als Energiequelle für den Ort des Denkens, unser Gehirn. Nach dem Tod ist er davon frei geworden und kann dort leben, wo er will bzw. bei und in Gott.

Unser Geist wird virtuell und damit ist er immer präsent.

Klingt unlogisch? Nicht wirklich, denn beispielsweise ist der Gedanke von Pythagoras $a^2 + b^2 = c^2$ in fast jedem Munde. Er ist unsterblich, damit ewig. Biologisch ist der griechische Gelehrte nicht mehr unter uns, aber mit seinem Gedanken lebt er in uns biologisch Aktiven fort. Tot in dieser, unserer Welt ist nur derjenige, an den niemand mehr denkt. Gott aber denkt an uns seit unserer Geburt, während unseres Lebens und dann weiter nach dem biologischen Tod. Gott hat die Welt geschaffen, also auch uns. Damit sind auch wir Teil der Ewigkeit.

Mehr darüber zu philosophieren, lohnt nicht wirklich, denn wir werden es erleben. Was kann uns Menschen Besseres geschehen als bei und in Gott zu sein? Angst vor dem Tod ist also nicht wirklich klug. Das Sterben allerdings fordert Respekt.

Der „liebe" Gott – ein Zerrbild durch die Menschen

Die Ausführungen des vorherigen Abschnitts können evtl. zu Widerspruch anregen.

Warum? Weil gerade die Kirche in den letzten Jahrhunderten die Hölle als Drohung betont hat, um sich Menschen gefügig zu machen. Kirche, die so etwas tut, ist allerdings nur ein Zerrbild dessen, was Gott wollte. Dazu später mehr.

Weiter – es gib jede Menge Unglück, jede Menge Katastrophen in unserer Welt. Da Gott allmächtig ist, wird Ihm alles, auch das, in die Schuhe geschoben. Die Schlussfolgerung, dass das der „liebe Gott" nicht tun würde, ist naheliegend. Der nächste Schritt ist dann, dass es einen solchen Gott, der doch nicht lieb ist, gar nicht geben kann, mithin es Gott nicht geben kann. Wenn man dann noch vorschnell die Naturwissenschaft als

Kronzeuge für die Abschaffung Gottes beruft, dann ist man beim Atheismus angekommen.

Unsinn? Nein, gar nicht. Denn diese Art „lieben Gott" gibt es in der Tat nicht.

Gott organisiert keine Unglücke und Katastrophen, um uns Menschen zu bestrafen. Er könnte das durchaus und hätte, nach menschlichem Maßstab, durchaus manchmal Anlass dafür. Aber das ist eine rein menschliche Gedankenführung. Das ist nicht die Gedankenführung Gottes, der die Liebe ist.

Woher kommt also das Unglück und wie verhält es sich dabei mit Gott?

Unglücke und Katastrophen gibt es leider. Das ist Tatsache. Was ist die Ursache dafür, da Gott ja ausscheidet? Es ist das, was man das Böse nennt.

Es ist leider genauso real wie Gott selbst. Aber es ist ein Webfehler der Schöpfung. Gott könnte diesen Webfehler sofort heilen, wenn Er denn tabula rasa machen würde. Das Problem dabei ist jedoch, dass das Böse immanenter Bestandteil der Welt geworden ist. Wir wissen nicht wirklich, warum das so ist, aber es ist Tatsache. Einfache Erklärungen wie den sog. Sündenfall im Paradies will ich nicht bemühen; das sind Metaphern, die das Verständnis nicht fördern.

Gott würde nun, wenn Er das Böse abschaffen würde, wozu Er die Macht hat, auch solche Menschen und Schöpfungsakte abschaffen, die nicht völlig schlecht sind, sondern nur teilweise. Aber damit würde auch Gott auch alles, was noch gut und zu gebrauchen ist, abgeschafft haben. Das jedoch will Gott nicht. Deshalb hat Er sich dazu entschieden, uns Menschen, wenn wir denn glauben, durch die Niederungen von Leid und Unglück hindurch zu helfen, so dass wir bestehen können. Darauf können wir uns verlassen – ich habe es selbst schon mehrfach erleben dürfen. Auf diesem Wege ist Gott dann doch der „liebe Gott", auf den wir uns verlassen können.

Seichtes Denken und Kurzschlüsse sind also falsch, wenn man über den lieben Gott nachdenkt. Sonst wird Er zum Zerrbild Seiner Selbst verunstaltet ohne es in Wahrheit zu sein.

Man bedenke: *Viele wollen einen Gott, der gut ist zu den Guten und böse zu den Bösen. Aber diesen Gott gibt es nicht.* (Claudia Vetter-Jung, Klinikseelsorgerin in einem Interview v. 25.11.2014 mit Manfred Gerber, Wiesbaden).

Gott ist Liebe – damit nicht parteiisch, damit verdammt Er nicht.

Kirche als Zerrbild des Glaubens – zwischen göttlichem Anspruch und menschlicher Wirklichkeit

Ein weiterer unzulässiger Kurzschluss ist der Gedanke, dass die Kirche das ungetrübte Abbild Gottes sei. Das ist sie eben nicht. Sie ist die menschliche Folgeorganisation von Gottes Gegenwart auf Erden. Aber sie ist damit gleichzeitig auch Organisation, die von Menschen repräsentiert wird. Menschen aber sind sündige Wesen.

Damit ist die real existierende Kirche auch ein Zerrbild des Glaubens – heilig im Anspruch, heilig, soweit sie die Liebe Gottes nicht behindert. Aber heilig in ihrer weltlichen Machtausübung?

Das gilt nicht nur für die christliche Kirche. Schon allein die Spaltung in viele Konfessionen und Gruppierungen zeigt, dass in Gottes Kirche zuviel Mensch präsent ist. Denn Gott ist Einer, aber die Menschen neigen zu Egoismen und damit zu Trennungen. Das ist keine begrüßenswerte Vielfalt, sondern das Abbild von egoistischen Partikularsichten.

Wichtig – das Problem betrifft nicht nur das Christentum, die christliche Kirchenvielfalt. Das betrifft auch die anderen Religionen, denn sie sind bis auf die Gründung ebenfalls Menschenorganisationen. Es gibt bei den Juden strenggläubige und sog. liberale Gruppen, bei den Muslimen Sunniten und Schiiten. Bei anderen Religionen ist es kaum anders.

Damit ist Kirche hier als Repräsentanz Gottes auf Erden ein Zerrbild des Glaubens; Kirche meint hier die Religionsorganisation aller prinzipiell Gottgläubiger.

Dem göttlichen Anspruch an Liebe und Barmherzigkeit sowie Gerechtigkeit genügen weder Juden, noch Muslime noch Christen. Wenn sie dann auch noch in Anspruch nehmen, dass sie mit Kreuzzügen und Dschihad für Gott etwas tun, indem sie „Ungläubige" töten – wenn sie das tun, dann sind sie selbst Ungläubige, ob sie nun die Tora beten, das Kreuzzeichen machen oder sich nach Mekka verbeugen – Gottes Liebe und Barmherzigkeit verschwindet hinter Kreuzzügen und Dschihad.

Deshalb gilt für alle – wenn man auf Kirchenorganisationen aller Religionen schaut und sie in all ihrer Fehler- und Sündhaftigkeit als Beweis der Nicht-Existenz Gottes anführen will, dann ist man auf dem Holzweg. Sicher, Organisationen als Hilfe für Gläubige zu sehen, dass sie nicht allein sind, sind hilfreich, ob Moschee, Synagoge, Tempel oder Kirche. Aber sie sind im besten Falle ein (trübes) Spiegelbild Gottes, nie Gott selbst. Sie genügen göttlichem Anspruch nicht, auf jeden Fall unzulänglich. Diese Organisationen sind der Versuch, die göttliche Botschaft den Menschen zu bringen. Wenn das aber mit Gewalt geschieht – dann ist der Glaube verraten.

Der Glaube an Gott und die gläubige Begegnung mit Ihm allein sind für alle Menschen entscheidend – unabhängig davon, welcher formalen Kirche bzw. Religionsgemeinschaft sie angehören.

Denn – Gott ist größer als eine Religion. Denn – Gott ist Gott – für alle Menschen. Egal, welchen Namen wir ihm geben.

Fazit:

Deshalb gilt:

Gewalt und Kampf sind kein Grund, nicht an Gott zu glauben. Kirche mit all ihrer Fehlerhaftigkeit ist kein Grund, nicht doch an Gott zu glauben. Gott ist größer. Wenn wir uns Ihm öffnen, wird Er uns annehmen. Dann werden wir erkennen, dass es Gott gibt.

Und noch ein Grund, warum Glauben nicht aus der Mode kommen kann .....

Glauben als Synonym für: *Das halte ich für richtig* – das wird nie aus der Mode kommen. Immerhin haben wir es täglich mit Meinungen und Überzeugungen zu tun, die wir zwangsläufig beurteilen und bewerten müssen. Allein, wenn der Politiker von Partei X sagt, dass wir unbedingt Dieses tun müssten um „politically correct" zu handeln – dann müssen wir den Sachverhalt prüfen, ihn abwägen und uns dann eine eigene Meinung bilden. Da dieser „Sachverhalt" aber kein SACHverhalt ist, sondern in der Zukunft liegt und damit in der Gegenwartszeit weder bewiesen noch widerlegt werden kann, kommen wir gar nicht darum herum, zu glauben – auch wenn wir durchaus logische Gründe dafür oder dagegen aufrufen können.

Glauben an Gott – das ist eine andere Sache. Wirklich? Nun, viele heutige Zeitgenossen und -genossinnen behandeln den Glauben an Gott nach den gleichen Kriterien, wie sie die vorgenannte Meinung des Politikers X beurteilen. Stimmt für mich, stimmt für mich nicht.

Insofern drückt das Verb „glauben" in der Tat die eigene Haltung zu einer Behauptung aus. Der eine glaubt, die andere nicht.

Glauben in diesem Text dagegen fokussiert ganz klar auf Gott. Das ist in den vorangegangenen Kapiteln deutlich geworden. Was unterscheidet ihn also außerdem vom Alltagsbegriff des Glaubens?

Ich meine die Zeugen. In jedem Prozess werden Zeugenaussagen als Wahrheit vermutet. Sicher, wir wissen, dass eine einzelne Aussage wahr oder falsch sein kann. Aber wenn viele Zeugen aussagen, dass etwas wahr und richtig ist, dann kann, nein dann muss man das für wahr und richtig annehmen, damit für wahr glauben. Sicher, es werden immer Nuancen in den Zeugenaussagen auftreten. Es geht also nicht um Identität, sondern um Gleichklang. Jeder Staatsanwalt weiß das, jeder Richter. Wenn das Gesamtbild der Zeugenaussagen zusammenpasst und stimmig ist, ist die Wahrheit wohl großenteils gefunden. Das gilt für die Rekonstruktion eines Verkehrsunfalls aus Zeugenaussagen, das gilt aber auch für Zeugenaussagen über Gott bzw. die Erfahrung von und mit Gott. Ganz persönlich. Denn Zeugenschaft ist immer persönlich.

Welche Zeugenaussagen über Gott gibt es? Ich kenne nicht alle, um genau zu sein, ich kenne die wenigsten. Aber ich kenne einige, die nicht nur sehr überzeugend sind, sondern auch weitgehenden Gleichklang haben, damit für mich verlässlich sind in ihrer Gesamtaussage. Sie alle bezeugen ein direktes Erleben von Gott.

Da gibt es z.B. die tradierte Darstellung der Verklärung Jesu, die wir aus dem Matthäusevangelium kennen. Die Jünger durften sehen, dass die Erkenntnis von Petrus, dass Jesus der verheißene Messias und damit Gottes Sohn ist, stimmt: Im irdischen Leib von Jesus wohnt Gott in seiner ganzen Herrlichkeit und Macht. Dass ihn die Menschen so meist nicht sehen können, ist nicht verwunderlich. Das strahlende Leuchten des transzendenten Leibes Jesu ist so intensiv, dass es uns blenden würde. Gott hat deshalb sein Licht quasi auf Erträglichkeitsstufe abgeblendet. Wenn nun Menschen sagen: Wenn ich ihn in Seiner Verklärung sehen würde, würde ich glauben – dann ist das Verblendung.

Aber es ist schon so, wie Bo Giertz schreibt: „Die meisten [von uns Menschen] dürfen irgendwann aus den Berg der Verklärung, aber das sind immer nur Augenblicke." (S. 163, Aus der Nähe Gottes leben, Bd 2, Hänssler Holzgerlingen 2001)

Jedoch, es bedarf einer Voraussetzung dafür – die schlichte Bereitschaft, sich von Gott ansprechen zu lassen. Nicht mehr, nicht weniger. Den „Rest" macht Gott.

Ich durfte das übrigens selbst schon erfahren – ich durfte Ihn schauen als Jesus, aber auch einmal als Hl. Geist. Nach menschlichem Zeitmaßstab waren das kurze Augenblicke, aber sie waren so eindrücklich, dass sie mir ein Leben lang im Gedächtnis bleiben, dass sie mein Leben verändert haben. Ich habe darüber auch berichtet (z.B. Hl. Geist –(k)ein Phantom!?, Fromm 2019).

Aber es gibt noch weitere Menschen, die mit ihrem Leben und ihren Worten bezeugen, dass ihnen Analoges widerfahren ist. Auch sie durften Gott schauen. Ich meine z.B. Theresa v. Avila, Johannes vom Kreuz, Ignatius von Loyola – auch sie hat dieses Erlebnis „umgeworfen", hat ihr Leben verändert; sie haben davon und darüber berichtet.

Es gibt aber auch außerhalb des (eigentlichen) Christentums dokumentierte Begegnungen mit Gott. David hatte Gott gesehen, sein Sohn Salomon hat in der Begegnung mit Gott seine sprichwörtliche Weisheit der Erkenntnis erhalten. Im Buch der Könige ist darüber berichtet.

Sage nun eine/r, dass das alte Geschichten seien aus längst vergangenen Tagen. Halb wahr, halb falsch. Aber neben der salomonischen Weisheit ist zumindest die Erfahrung von Ignatius heute noch so virulent, dass sie weiter fortwirkt – in der Societas und in der Congregatio Jesu. Menschen verlassen sich darauf und gründen darauf ihr Leben. Es sind definitiv nicht die Dümmsten ..... Sie haben sogar Hochschulen in Seinem Namen gegründet.

Aber auch heutzutage gibt es Menschen, die sich trauen, von ihrem Erleben mit Gott zu schreiben: Zwei Beispiele: A. Frossard (Gott existiert. Ich bin ihm begegnet. Herder, Freiburg 1970) und Ch. Rørth (Die Frau, die nicht an Gott glaubte und Jesus traf. Gütersloher Verlagshaus 2018). Beide waren sie erklärte Atheisten und Ungläubige, bis sie bzw. ihnen Gott begegnet sind/ist. Ihre Bücher sind lesenswert für alle – gerade auch für Skeptiker. Ich habe weiter vorn schon darüber berichtet.

Und es gibt noch einen bekannten Ort, an dem es immer wieder zu Begegnungen mit Gott kommt, den eigentlich jeder Mensch kennt: Ich meine Taizé. Der zweite bekannte Ort ist Lourdes. Interessant in diesem Zusammenhang ist die Feststellung, dass beide Orte im verfassungsgemäß säkularen Frankreich liegen….

Außerdem gibt es zahlreiche sog. Märtyrer/innen, die mit ihrem Leben bezeugt haben: Gott gibt es, Gott lebt.

Fazit: Zeugenaussagen über Jahrhunderte hinweg, auch wenn sie unpopulär sind. Zeugenaussagen, die Konsequenzen hervorrufen.

Vor 2000 Jahren schon hieß es: Man muss Gott mehr als dem Kaiser recht geben.

Wer etwas „handfester" Zeugenaussagen nachlesen will, greife zur Bibel. Sie ist voll von Zeugenaussagen. Sicher – sie lesen sich anders als z.B. bei einem kriminologischen Verhörprotokoll. Wenn man aber gelernt hat – und das nötige Zeitwissen besitzt -, dann entschlüsseln sich die Zeugenaussagen als Belege der Wahrheit. Exemplarisch hat das Jungbluth in seinem weiter oben bereits zitierten Buch beschrieben und belegt. Man mache sich die Mühe – und sei erstaunt.

Nachwort:

Ich glaube an Gott.

So hatte ich das Büchlein begonnen. Davon zu künden und davon den Menschen zu berichten, ist mein Ziel.

Wir leben in einer Zeit, in der es schick ist, so überlegen zu tun, dass man fast alle Probleme gelöst habe und deshalb den „Aberglauben" an einen Gott nicht mehr bräuchte. Ich hoffe, ich konnte in den vorhergehenden Seiten zeigen, dass es keinesfalls so ist, dass Gott undenkbar geworden ist. Im Gegenteil. ER zeigt sich immer deutlicher, je tiefer wir

Menschen durch die Erkenntnisse der modernen Naturwissenschaften Einblick in den Quellcode der Schöpfung bekommen. ER ist derjenige, der den Sektkorken des Urknalls gelöst hat. ER hat ihn knallen und danach alles entstehen lassen. Dafür lege ich in meinem Büchlein Zeugnis ab – so wahr mir Gott helfe. Amen.

Nun habe ich zu Beginn gesagt, dass ich traurig bin, dass der Glaube an Gott so aus dem Blickwinkel der Menschen geraten ist. Mich besorgt das, dann die Basis unserer modernen, freien Gesellschaft ist der Glaube an Gott; Christentum, Humanismus und Freiheit gehören untrennbar zueinander. Wenn Gott außerhalb des Gesichtsfeld kommt, kommen andere „Geister", und das sind keine guten – Neid, Gewalt, Krieg, Unterdrückung, Lug und Betrug (modern fake news genannt) etc. werden salonfähig. Ungut.

Was kann ich tun? Meine Antwort heißt Gottvertrauen. Er wird es schon richten. Am Volk Israel und seiner wechselvollen Geschichte mit erfolgreichen Phasen des Glaubens und katastrophalen glaubensfernen Zerstörungen sieht man exemplarisch, was passiert, wenn Gott vergessen wird. Nochmals – was kann ich tun? Ich kann meinen Glauben, wie ich es hier getan habe, darlegen und versuchen, Menschen wieder zu Gott zurückzubringen. Und ich kann mich verhalten wie Paulus, der auch daran verzweifelte, dass sein Volk sich so von Gott entfernt hatte. Paulus riet, sich als Gläubigen nicht für überlegen zu halten, sondern sich keine Sorgen zu machen, denn Gott wird den Weg schon finden, auf dem er mich (sowie Paulus) und die Menschen sowie die Kirche führt. Der eigene gläubige Lebensstil soll als Vorbild für andere Menschen dienen und sie nachdenklich machen. Ich hoffe, das gelingt mir live und auch durch dieses Buch.

Literatur:

Joachim Bauer: Das Gedächtnis des Körper. 2013 Piper, München.

Ralf Bergmann: Gott und die Erklärung der Welt. 2019, Brunnen Gießen

Barbara Drossel (Hrsg.): Naturwissenschaftler reden von Gott. 2016 Brunnen, Gießen

André Frossard: Gott existiert. Ich bin ihm begegnet. 1972 Herder Freiburg

Bo Giertz: 2001 Aus der Nähe Gottes leben. Bd 2, Hänssler Holzgerlingen p. 163

Axel Jungbluth: Warum die Wahrheit im Regal verstaubt. 2016, books-on-demand GmbH, Norderstedt

Albrecht Kellner: Christsein ist keine Religion. 2018, SCM Brockhaus Witten

Stephan Lange: Begründet glauben. 2019 Neukirchener Verlag Neukirchen-Vluyn

Walter Merkle: Hl. Geist: (k)ein Phantom !?). 2019, Fromm-Verlag (book on demand)

Karl Rahner: Grundkurs des Glaubens. 2008 Herder Freiburg

Gütersloh

Dirk Schneider: Jesus Christus – Quantenphysiker. 2015, Jesus-Wissenschaft, Karlsruhe

Charlotte Rørth: Die Frau, die nicht an Gott glaubte und Jesus traf. 2018. Gütersloher Verlagshaus

Claudia Vetter-Jung, Klinikseelsorgerin in einem Interview v. 25.11.2014 mit Manfred Gerber, Wiesbaden